LE PATRIOTE

DE 1789.

IMPRIMERIE DE CARPENTIER-MÉRICOURT,
RUE TRAINÉE, N° 15, PRÈS SAINT-EUSTACHE.

LE PATRIOTE

DE 1789.

PAR

M. Bescher,

BACHELIER ÈS-LETTRES (ACADÉMIE DE PARIS),
MEMBRE DE PLUSIEURS SOCIÉTÉS SAVANTES.

PRIX : 2 FRANCS.

Paris,

L'AUTEUR, RUE RICHÉLIEU, N° 21 ;
DELAUNAY, LIBRAIRE, PALAIS-ROYAL ;
GARNIER, LIBRAIRE, RUE DE VALOIS ;
PICHON ET DIDIER, LIBRAIRES, QUAI DES AUGUSTINS, N° 47.

1830.

Avertissement.

En retraçant les événements qui me sont arrivés dans le cours de la révolution, c'est la cause des anciens patriotes que je soumets au jugement de la génération nouvelle. Le moment est venu d'apprendre que les hommes qui ont pris la Bastille, le 14 juillet; renversé le trône, le 10 août; sauvé la Convention, le 13 vendémiaire, n'étaient pas plus des brigands que leurs braves successeurs qui ont chassé la dynastie au mois de juillet 1830. Moins heureux que ceux-ci, leurs pères calomniés ont essuyé des persécutions sans exemple, même dans les annales des peuples barbares. Ce fut en prêchant la justice, qu'on fut injustes envers eux, et cruels, en invoquant l'humanité. Mais, au signal du danger de la patrie, toujours fidèles à leur noble caractère, on les vit, oubliant leurs infortunes, se rallier autour

de leurs persécuteurs, les protéger , les défendre de leurs bras et de leur courage.

Les épisodes qui me concernent se trouvent
enchaînés dans les grandes scènes qui signalè-
rent ces époques; et quiconque aura lu cet
écrit connaîtra mieux l'esprit et la marche des
gouvernements, qui se sont succédé depuis
1789, qu'il ne l'apprendrait dans aucun livre
d'histoire. Tout y est marqué au coin de la vérité. Nos hommes d'état aussi peuvent y
puiser d'utiles leçons sur le danger d'entrer
dans la voie des proscriptions.

Mânes de mes amis, qui errez sur le territoire où s'élève la petite ville de Grenelle, et
sur l'une des côtes sauvages de l'Afrique, c'est
vous que j'évoque. Puissent nos regrets sur
le sort affreux qui vous fut réservé vous con-
soler dans vos tombeaux !

LE PATRIOTE

DE 1789.

Quiconque a beaucoup vu,
Peut avoir beaucoup retenu.
LA FONT.

PREMIER ENTRETIEN.

Nous étions au mois d'août. Le bruit du canon qui avait retenti dans Paris n'était plus qu'un souvenir. Le temps était calme, le soleil brillait de tout son éclat. Les troubles, les agitations qui règnent parmi les habitants de la terre, n'influent en rien sur l'ordre des saisons.

Assis sur la verdure, un vieillard disait à son petit-fils : Les calculs du commerçant, les études du légiste ont peu d'attraits pour toi ; un goût invincible t'entraîne vers la politique ; tu as fait vœu de te consacrer à la défense des intérêts publics. Ce projet est noble. Croire au bonheur du peuple, c'est le rêve d'un homme de bien ; ce fut aussi le mien dans ma jeunesse. Tu n'es pas sans connaissances ; ton imagination est vive et brillante. Si elle te transporte dans des pays imaginaires où les prestiges, les illusions s'offrent à toi sous les couleurs de la réalité, c'est l'effet inévitable de ton âge, de ton inexpérience ; toutefois une assez belle carrière s'ouvre devant toi. Désormais tu n'as plus à rougir d'avouer que le sang d'un vétéran de la révolution, d'un patriote de 1789, circule dans tes veines.

Mais tu me demandes des avis ; tu désires que je te prescrive des règles de conduite ; un juste pressentiment t'avertit que l'exécution des desseins les plus généreux, quand celui qui les forme se sent fait pour exciter des rivalités, pour s'élever au-dessus du commun des hommes, n'est pas exempte de périls.

Un récit fidèle des événements dont fut balottée mon existence dans le cours de la révolution, vaudra mieux pour toi que tous les conseils de la sagesse. C'est une leçon vivante que je veux t'offrir, profites-en ; connais le jeu des intérêts, des passions ; et, dans ce grand drame, assiste toi-même aux scènes dont je fus le principal acteur.

Lorsque la révolution éclata, j'habitais la ville de Château-Gontier, lieu de ma naissance ; j'étais âgé de vingt-six ans, déjà père de famille.

Né avec un caractère d'indépendance qui s'était manifesté, même dans le cours de mes études, lorsque je voyais l'équité fléchir sous le poids de la faveur, je saluai avec enthousiasme l'ère nouvelle qui s'ouvrait pour la France.

Lieutenant dans la garde nationale, Procureur de ma commune, tels furent les premiers titres de confiance dont je fus honoré. La noblesse s'était réservé les principaux grades de la milice citoyenne, et la place de maire ; soit que ce fût de sa part l'effet d'une adroite politique, soit que les changements qui s'opéraient parussent trop peu durables pour lui inspirer une inquiétude sérieuse.

Livré tout entier à mes fonctions civiles, je m'occupai à étudier les archives de la commune, à compulser, à déchiffrer de vieux titres, et je parvins à faire rentrer la ville dans des propriétés importantes, usurpées par les seigneurs, mais que probablement elle aura perdues depuis.

Mirabeau mourut. Je prononçai son oraison funèbre. Ce fut la première fois peut-être, qu'au milieu du service divin, un laïque, en France, occupa dans la chaire la place d'un ministre du culte.

Nommé par les électeurs Greffier du tribunal criminel, je vins avec ma famille fixer ma résidence au chef-lieu du département.

L'Assemblée constituante avait achevé ses travaux. La rédaction définitive de la constitution, qui devait régénérer la France, était adoptée, et Louis XVI, malgré sa protestation antérieure et sa fuite vers le sol étranger, avait juré de la faire exécuter. On n'ajoutait pas beaucoup de foi à la sincérité de ce serment.

A peine l'Assemblée législative était-elle réunie que des bruits de guerre se répandirent ; la Prusse et l'Autriche hâtaient leurs préparatifs. Nous n'avions à leur opposer que des forces inférieures ; nos états-majors et la plupart des officiers de l'armée étaient passés à l'étranger. Les Chouans commençaient aussi, dans nos environs, à signaler leur existence par des assassinats. Quelqucs poursuites sans vigueur et mal dirigées ne fesaient qu'encourager leur audace.

La marche des ennemis, qu'on cherchait à dissimuler, n'est plus un doute; des Français sont à l'avant-garde et leur servent de guides.

L'Assemblée lance deux décrets, l'un pour exiger le serment du clergé qui se livrait à des prédications furibondes; l'autre pour mettre sous la main de la nation les biens des émigrés qui venaient porter le fer et le feu au sein de leur patrie. Le roi y appose son *Veto*. On crie à la trahison, on court aux armes. Le trône est attaqué et renversé; une Convention nationale est convoquée, et nommée, en quelque sorte, sous le feu du canon de l'ennemi.

La France était envahie, Longwi, Verdun s'étaient rendus. Les Prussiens marchaient sur la capitale où ils ne voulaient pas laisser pierre sur pierre. Les Autrichiens bloquaient et bombardaient la place de Lille. Pour renforcer notre armée qui se repliait lentement, de nombreux bataillons sortaient de Paris. A chaque nouvelle du progrès de l'ennemi, l'effervescence s'accroissait, c'était une lave qui bouillonnait sur le cratère d'un volcan. Une profonde affliction se mêlait à l'inquiétude générale. Les prisonniers de Paris et d'Orléans venaient d'être massacrés. On avait profité de ce moment d'exaspération pour porter des gens égarés, soldés peut-être, à commettre ce crime affreux.

Cependant les Prussiens sont arrêtés à Valmy. Bientôt ils rétrogadent, et les Autrichiens, suivant ce mouvement de retraite, sont attaqués et battus à Jemmapes.

J'étais loin alors, mon ami, de désirer la République ; je pensais que ce ne serait qu'avec des difficultés extrêmes que cette forme de gouvernement prendrait racine en France. Aussi dans l'assemblée électorale dont j'étais membre, j'avais proposé qu'on donnât à nos députés le mandat spécial de conserver la royauté, en changeant la dynastie. Ce vœu, qui ne devait se réaliser que quarante années plus tard, et que j'ai toujours conservé dans mon cœur, fut unanimement accueilli.

Mais que peuvent les calculs de la raison et d'une sage prévoyance contre la force des événements? La France assaillie ou menacée par les rois de l'Europe conjurés, se croyant trahie par celui-là même à qui elle avait confié sa défense, avait pris en haine la royauté. Puisqu'ils ont conjuré notre ruine, *conspirons la perte des rois*, tel était le cri général. Dès sa première séance, la Convention avait proclamé la République.

Il fallait se préparer à une seconde campagne. Ce n'étaient plus l'Autriche et la Prusse, c'était l'Europe entière dont la France avait à repousser les efforts. La Russie seule n'entrait pas encore en ligne.

Cependant des germes de division se développaient avec une effrayante rapidité au sein de l'Assemblée nationale. Il y régnait deux partis à peu près d'égale force. L'un sous le nom de parti *de la Gironde* invoquait l'ordre légal, la modération, un respect religieux pour les propriétés : principes excellents, sans doute, pour des temps plus calmes. L'autre, sous le titre de parti *de la Montagne* en appelait au courage, à l'énergie du peuple ; moins scrupuleux sur les moyens, pourvu qu'ils fussent sanctionnés par la victoire. L'opinion publique prêtait aussi au premier le projet de diviser la France en républiques fédératives, pour enlever à la capitale son degré prodigieux d'influence, et la punir, en quelque sorte, d'avoir fait la révolution. Ceux qui le composaient étaient indistinctement désignés sous le nom de *Fédéralistes*, de *Girondins*.

Les violentes secousses dont la représentation nationale était agitée se fesaient ressentir dans tous les départements. Il n'était donné à aucun citoyen de s'y soustraire, et de garder une dangereuse neutralité.

Notre seconde campagne s'ouvrit par des revers. Les Autrichiens nous repoussèrent de la Belgique, et s'emparèrent de Condé, Valenciennes, le Quesnoy, et Avesnes ; les Prussiens nous reprirent Mayence, et forcèrent les lignes de Weissemburg ; les Anglais et les Hollandais menaçaient Dunkerque ; les Espagnols avaient passé les Pyrénées, et campaient sous le canon de Perpignan. Les Vendéens étaient entrés dans Angers et Saumur.

Et les discussions orageuses continuaient au sein de l'Assemblée, et les fâcheuses dissentions ne fesaient que s'envenimer. La Montagne, disaient les uns, ne tend qu'au désordre, qu'à l'anarchie ; elle prêche la loi agraire, et veut arriver au nivellement des fortunes. La Gironde, s'écriaient les autres, invoque la modération, le respect des personnes, l'observation rigoureuse des lois, dans le dessein d'affaiblir toute énergie, d'étouffer l'enthousiasme belliqueux, et de paralyser le courage. Par-là elle assure une sauve-garde aux conspirateurs, et livre le pays sans défense.

Il importait au salut de la France que l'un des deux partis succombât. Paris prit les armes et expulsa de la Convention les chefs de la Gironde.

- Cette violation de la représentation nationale causa une vive irritation dans les villes où les Girondins comptaient de chauds partisans. Lyon, Bordeaux, Marseille se soulevèrent ; Toulon fut livré aux Anglais, et la Corse se rangea sous leur protection.

A Laval, les fédéralistes convoquèrent les autorités. Il s'agissait de lever un contingent qui se réunirait à ceux que fournissait la Bretagne pour marcher sur Paris. J'eus le courage de m'y opposer.

« Quoi, disais-je, quand l'étranger occupe plusieurs de nos places, quand la Vendée nous menace du débordement de sa population fanatisée, nous allons tenter une diversion en leur faveur ! Jetons nos regards autour de nous ; la presque totalité des départements désavoue cette levée de bouclier. Ils s'attendaient à l'événement. C'est une fatalité, peut-être ; mais elle était inévitable. N'attisons pas de nos propres mains un feu qui déjà nous dévore. Ignorez-vous que l'absence de tout gouvernement est le pire des gouvernements ? Le pouvoir, quelle que soit son origine, est jaloux ; si malheureusement plusieurs d'entre vous sont pris les armes à la main, quel sera leur espoir de salut ? Sachons laisser au temps à remettre chaque chose à sa place. La fortune jointe au talent ne manquera jamais d'influence. Avant tout, songeons à sauver la patrie. »

Ces réflexions dictées par l'amour de mon pays, non moins que par intérêt pour des concitoyens qui avaient mon estime, furent accueillies avec faveur du plus grand nombre ; d'autres y répondirent par des injures, par des menaces ; je courus risque de la vie. Une centaine d'individus se joignirent aux deux mille Bretons déjà en marche. Quelques troupes parties de Paris les rencontrèrent près d'Évreux. Aux premiers coups de canon, ils se dispersèrent.

Généralement, on reprochait aux Girondins de n'avoir que des vues bornées, d'employer de petits moyens pour agir sur l'opinion, de marcher dans des voies obliques, de favoriser l'aristocratie, et de n'être pas éloignés de s'allier à la cause des rois. La plupart étaient doués de grands talents ; mais ce n'étaient pas, disait-on, les hommes de la circonstance.

La Convention dégagée des entraves qui, depuis l'ouverture de la session, paralysaient ses vains efforts, se place à la hauteur du danger. D'abord, comme planche de salut, elle décréta une constitution qui fut acceptée avec transport. Elle proclame la patrie en danger, et fait un appel à tous les Français. A ce signal huit cent mille hommes sont debout. Les armées, les fusils, les canons, les munitions, tout s'improvise. Le gouvernement anglais, fauteur de cette guerre d'extermination, est mis hors la loi des nations. La terreur devient la terrible auxiliaire de nos armes, et plane, comme l'ange exterminateur, sur la tête des ennemis de la République.

Paris était le centre des intrigues de tous les cabi-
nets. La famille royale déchue y entretenait des
intelligences actives. Quelques instants de faiblesse
pouvaient tout perdre.

Quel avenir espéraient-ils donc, les auteurs auda-
cieux de ces mesures, seules propres à conjurer
l'orage, et à tourner la foudre contre ceux qui se flattaient de nous en écraser ? Vaincus , c'était la mort.
Vainqueurs, c'était la plus terrible des responsabilités ,
et la mort encore. Un gouffre est ouvert ; ils s'y pré-
cipitent , comme l'équipage du *Vengeur* s'engloutis-
sant dans les flots aux cris de *vive la République.*
Dévoûment sublime , que de petits esprits ont cherché
à flétrir, parce qu'ils ne l'ont pas compris !

Dans l'espace de quelques semaines Lyon , Bordeaux , Marseille soumis , rentrent dans le sentier du
patriotisme ; les rassemblements du midi sont dissipés ,
Toulon est rendu à la France ; Saumur, Angers sont
délivrés des Vendéens. Au nord , Maubeuge est dé-
bloqué, et la bataille de Fleurus nous ouvre la Belgique. L'ennemi , qui occupait encore quatre de nos
places , est sommé de les évacuer dans quarante-
huit heures ; les Autrichiens épouvantés les abandon-
nent. Les Anglais battus à Honschootte , vont cacher
leur honte dans les marais de la Hollande ; Mayence
ne tardera pas à rentrer sous notre domination ; Nice et
la Savoie sont réunis à la France , et l'Espagnol est
rejeté au-delà des Pyrénées.

Ma conduite franche et courageuse dans ces jours
d'épreuve , m'avait valu le titre de Procureur-géné-
ral. Je m'occupais avec une vive énergie à purger le

département des bandes de Chouans qui l'infestaient
encore. Ceux du pays commençaient à rentrer dans
leurs foyers; leurs chefs et les étrangers qui les soule-
vaient se rapprochaient des côtes, et se disposaient
à gagner quelques îles anglaises. Une disette moins
réelle que factice nous causait aussi un malaise auquel
il fallait remédier. Favoriser la circulation des subsistances, et assurer les approvisionnements, ce n'était
pas la tâche la moins difficile que j'eusse à remplir.

Un évènement imprévu renversa l'espoir que j'a-
vais conçu de voir bientôt renaître la sécurité dans
nos campagnes, et vint bouleverser toutes mes dispositions.

Les Vendéens, battus à Chollet, avaient passé la
Loire; ils se dirigeaient sur Laval. Moitié de notre
garde nationale, avec une pièce de canon, était partie,
sur l'ordre du représentant du peuple, pour protéger
sa ville natale, distante de six lieues. Il nous restait un
bataillon fort de neuf cents hommes, avec une pièce
de quatre. Malgré la supériorité de l'ennemi, et quoique la ville, ouverte de tous côtés, ne présentât aucun point de défense, il fallait résister. Une retraite,
commandée par la prudence, par la nécessité même,
eût passé pour lâcheté, peut-être pour trahison.

J'envoie à la hâte des avertissements dans les campagnes. Cinq à six mille hommes, la plupart armés de
piques, arrivent à notre secours.

Notre troupe tient en échec, pendant deux heures,
l'avant-garde vendéenne; mais à l'approche du corps
d'armée, il fallut battre en retraite. Quelques barri-

cades que nous avions élevées nous protégèrent contre la première poursuite de l'ennemi.

L'armée vendéenne était forte de cinquante mille combattants, dont dix mille de cavalerie, soutenus par quarante-cinq pièces de canon de six et de huit, bien approvisionnées. Les paysans non armés, les prêtres et les femmes qui la suivaient, pouvaient la porter à soixante-dix mille individus.

La perte qu'elle venait de faire d'un de ses chefs les plus braves fut vengée sur plusieurs prisonniers, entre autres sur notre porte-étendart, vieux militaire, qui, jeté dans un bûcher formé de débris de cloisons et des papiers de l'administration, fut brûlé à petit feu, enseveli dans son drapeau.

Le maire de la ville et moi, engagés dans des chemins difficiles, nous eûmes à essuyer la décharge de plusieurs bandes de Chouans qui nous barraient le passage. Le hasard voulut qu'ils ne pussent nous arrêter. Nous dûmes notre salut à la vitesse de nos chevaux.

Cependant les garnisons de nos places qui avaient capitulé, ne devant plus servir contre l'ennemi du dehors, étaient rentrées dans l'intérieur. Celle de Mayence rejoignit l'armée de l'Ouest, et contribua puissamment à la victoire de Chollet. Celle de Valenciennes était entrée à Laval après le départ des Vendéens qui se dirigeaient sur Grandville.

Bientôt nous apprenons qu'ils ont échoué devant cette place, et qu'ils reviennent sur leurs pas ; quel parti prendre ? On tient un conseil de guerre, où assistent les autorités civiles.

Voici, en substance, le discours que je prononçai :

« Se dissimuler le nombre des ennemis, les attaquer partiellement avec des forces inférieures, c'est sacrifier inutilement une foule de braves qui, ne consultant que leur courage, savent mourir plutôt que se rendre ou de reculer. Qu'avons-nous à opposer à cette armée qui, à Pontorson, vient de s'ouvrir un passage au travers de vingt mille républicains aguerris? un faible corps d'environ trois mille hommes. Le dessein des Vendéens, trompés sur le secours qu'ils attendaient de l'Angleterre, est de rentrer dans leur pays. Vous allez les voir se diriger vers la Loire qu'ils comptent passer au Pont-de-Cé. Devançons-les. En nous portant sur Angers, nous les forçons à demeurer sur la rive droite où ils manquent de point d'appui ; nous prévenons ainsi leur jonction avec l'armée restée intacte sur la rive gauche. Voilà le seul parti que nous dicte la prudence, et le moyen de mettre fin à une guerre qui nous mine, et nous empêche de déployer toutes nos ressources contre l'étranger. »

Cet avis, combattu par quelques officiers qui s'obstinaient à ne considérer l'armée vendéenne que comme un ramas de déserteurs et de brigands faciles à détruire, prévalut. La retraite fut décidée, nous n'avions plus un instant à perdre ; les ennemis n'étaient qu'à quelques heures de marche. Nous partîmes lentement et en bon ordre. A peine avions-nous fait deux lieues que leur cavalerie se montra sur les hauteurs. Quelques coups de canon suffirent pour la contenir.

L'arrivée à Angers de notre corps de troupes avec

quatorze pièces de canon, releva le courage des habitants. Réduits à leurs propres forces, ils se seraient
flattés en vain de résister. Aussitôt tout prend de l'activité, tout se met en mouvement. On augmente les
batteries, les portes de la ville et les endroits faibles
sont barricadés. Chacun reconnaît le poste qu'il doit
occuper. On dépêche des courriers à Nantes pour solliciter et presser l'envoi d'un convoi de munitions.

L'armée vendéenne s'avançait vers la Loire. Pour
y arriver sans obstacle, et éviter le passage de la
Mayenne qui traverse Angers, elle avait pris sa route
par La Flèche. Ce demi-circuit alongeait sa marche de
trois journées. Je résolus de profiter de ce délai pour
visiter le Pont-de-Cé qui joint les deux rives du fleuve.
Je me présente chez le commandant, je vois un jeune
homme occupé à écrire. A son vêtement, il était difficile de juger que ce fût un militaire ; il se serait mêlé
parmi les officiers vendéens, bien sûr d'être pris
pour un des leurs. « Citoyen, lui dis-je, tu seras attaqué demain ; tu as dû t'y attendre. Je viens connaître
tes moyens de défense et les dispositions que tu as
faites. — Citoyen, j'ai donné des ordres pour qu'au
premier signal l'arche de l'extrémité du pont soit je-
tée à l'eau, et qu'une batterie de quatre pièces défende
l'approche des autres. — T'es-tu assuré de leur exécution ? — Il m'est difficile de me déplacer ; j'épargne
quarante francs par jour à la République, en tenant
moi-même ma correspondance. — La République a
peu besoin de ce genre d'économie ; au surplus nous
allons voir. »

Je me porte à l'entrée du pont ; les madriers, les parapets sont dans leur état ordinaire ; point de batterie ; de violents soupçons m'agitaient. « Le passage est livré, me disais-je, c'est une guerre à recommencer. » Je restais indécis. Une vive alerte vint me tirer de mes réflexions, et mettre toute la ville en mouvement. Les Vendéens restés sur la rive gauche, instruits de l'approche de leurs compatriotes, avaient attaqué nos postes, s'étaient emparés des hauteurs, et un escadron de nos chasseurs entrait à toute bride dans la place. Si l'ennemi l'eût poursuivi, c'en était fait ; il se rendait maître du passage qui n'était gardé ni à l'une ni à l'autre de ses extrémités.

Je prends mon parti sur-le-champ. Escorté de quatre chasseurs, car déjà nous avions trois heures d'une nuit d'automne fort obscure, et le trajet n'était pas sûr, j'arrive à Angers. Les représentans, les généraux étaient encore à table. Je leur rends compte de ce que j'ai vu. Ils paraissent surpris, un certain embarras se peint dans leurs traits. Mais ils ne peuvent se dispenser de prendre des mesures.

Je suis du nombre de ceux qui ont pensé qu'un parti dans la Convention favorisait la Vendée. Ce qui paraît étonnant, c'est que ce parti se trouvât dans la Montagne.

N'opposer aux Vendéens que des corps toujours trop faibles, commandés par des généraux inhabiles ; affecter de méconnaître leur nombre, de déprécier leur courage, pour forcer nos troupes à engager le combat, quelle que fût leur infériorité ; n'offrir aux habitants aucun espoir de trève ni de paix, afin que la popula-

tion fût toujours sous les armes et en état d'hostilité ;
telle était la tactique employée dans cette malheureuse
guerre, et la cause presque permanente de nos revers.
Certains hommes influents la regardaient comme un
chancre politique qu'il était utile d'entretenir ; tandis
qu'il eût été facile de l'extirper dès sa naissance.

Comme je l'avais prévu, le lendemain au point du
jour, une vive canonnade annonça l'attaque ; mais le
passage du pont n'était plus possible. L'armée vendéenne se rejette sur Angers. Prendre la ville, c'était
son unique salut. Après deux jours d'efforts inouis
et toujours repoussés, non sans perte de notre part,
elle lève le siége. Poursuivie dans sa retraite, elle est
battue au Mans, et détruite à Savenay.

La France n'avait plus d'ennemis à redouter. Ses
armées partout victorieuses, ne pouvaient éprouver de ces défaites qui compromettent l'existence des
états. Que va faire la Convention ? adoucir des mesures de rigueur que les dangers de la patrie avaient
pu seuls justifier : enfin détendre un ressort qu'il n'est
plus possible de serrer sans le faire voler en éclats ;
voilà ce que tous les bons esprits attendaient. Ils
étaient convaincus que l'Assemblée allait s'occuper
sans délai des lois organiques de la constitution, la
mettre en activité, et par là terminer son orageuse
session. Tant d'immenses résultats obtenus eussent
couvert, sous un voile de gloire, des actes arbitraires,
des mesures violentes, de cruelles représailles qu'il
eût été bien difficile d'éviter ; car que pouvaient
les droits de la justice et de l'humanité au milieu de

ce conflit d'intérêts opposés , de ce débordement des passions où l'existence des hommes était comptée pour si peu de chose ?

Le triomphe des principes démocratiques de la Montagne, dépendait du parti qu'elle allait prendre ; elle avait acquis un tel degré d'ascendant qu'elle ne pouvait être vaincue que par elle-même.

Qui l'aurait pensé ? Elle décida que la constitution, renfermée dans une espèce de boîte , resterait suspendue à la voûte de la salle des séances, et ajournée jusqu'à la paix. Un gouvernement dit *révolutionnaire* la remplace, code draconien qui pesait sur les fonctionnaires , et qui , si son exécution eût été possible, aurait rendu leur condition intolérable. Tout dèslors me fit présager le plus fâcheux avenir ; je commençai , je l'avoue , à désespérer de la République ; j'offris ma démission, mais je ne pus la faire accepter.

La Montagne ne tarda pas à se diviser , les ambitions se heurtèrent. Une société devenue fameuse par sa funeste influence, et qui était l'arbitre de la destinée de ses amis comme de ses ennemis, s'engagea dans la lutte ; le parti vaincu fut conduit à l'échafaud. Il laissa aux remparts de cette citadelle, qui dominait la Convention, une large brèche qu'il ne fut plus possible de réparer. Parmi les membres qui succombèrent, plusieurs étaient auteurs d'écrits sur la Vendée ; ils avaient exposé la vérité ; ce fut leur titre de proscription.

Les patriotes amis de la constitution commencèrent à être inquiétés. Je ne pouvais manquer de revendiquer ma part de cette première persécution.

Un des représentants, qui était à Angers lors de l'attaque, se trouvait à Laval. Bientôt je me vois appelé
devant lui. Il m'accuse d'être un des ennemis du gouvernement révolutionnaire, de protéger les parents
d'émigrés et d'affecter le modérantisme. Je me con-
tentai de lui répondre qu'on pouvait être fort bon patriote et préférer l'établissement de la constitution à
celui d'un gouvernement révolutionnaire, quelque
provisoire qu'il fût. Quant aux parents d'émigrés, j'a-
vouai que je ne voyais aucun motif pour prolonger la détention de mères de famille et d'enfants mineurs qui ne
pouvaient en rien nuire à la République. Une commission militaire qui parcourait le département, reçut
ordre de se rendre à Laval. Traduit devant elle, sous
le poids d'une accusation dirigée et soutenue par un
représentant du peuple, j'avais peu d'espoir de salut.
Mais cette perspective ne m'effrayait pas. Je voyais la
cause de la liberté compromise, j'étais disposé à n'y
pas survivre. Le hasard conduisit l'événement. Un
autre représentant, auquel je n'étais pas inconnu,
venait d'arriver. Il ne fût pas de l'avis de son collègue;
une vive altercation s'ensuivit, et, pour résultat, la commission militaire qui était en route reçut contre ordre.

Il est temps de reprendre haleine. Tu vois que pendant ces cinq années mon existence a été assez agitée,
assez remplie de soins, d'inquiétudes, et exposée à
plus d'un danger. Une nouvelle série de faits va se dé-
velopper. Bientôt tu jugeras que jusqu'alors j'ai été
couché sur un lit de roses.

DEUXIÈME ENTRETIEN.

Le vieillard et son petit-fils se rendirent au même lieu. Le vieillard reprit ainsi son récit :

La blessure profonde qu'avait reçue le parti démocratique et constitutionnel de la Convention saignait encore. Un vif désir de vengeance fermentait dans les cœurs. Cependant une nouvelle liste de proscription était dressée. A sa lecture une violente explosion éclate dans l'Assemblée ; les accusateurs deviennent accusés, et succombent à leur tour. Cet événement, qui annonçait un prochain changement dans la direction de l'esprit public, causa une grande sensation. Tous les cœurs tressaillirent. Les royalistes se tinrent attentifs ; les patriotes, frappés d'étonnement, demeuraient flottants entre la crainte et l'espérance. Ils s'inquiétaient de voir dans quelle route allaient entrer les nouveaux membres du gouvernement, et se demandaient s'ils sauraient allier la prudence à la force qui veille au salut des personnes, et impose le respect pour les droits acquis. Un fait qui s'était passé dans cette séance mémorable n'était pas d'un heureux présage pour ceux qui avaient joué quelque rôle dans ces deux dernières années. Un député entend prononcer la mise hors la loi de son frère ; il s'écrie qu'il veut partager son sort. Trait de dévoûment digne d'admiration ! Quel homme d'honneur pouvait accepter un pareil vœu? Eh! bien, on applaudit ; le député généreux est pris au mot, et le sang des deux frères se mêle sur l'échafaud.

De quelle trempe étaient donc ces hommes qui se jouaient ainsi de la vie de leurs collègues, qui frappaient comme conspirateurs ceux auxquels il serraient la main la veille? avaient-ils l'âme féroce? était-ce le lait d'une tigresse qu'ils avaient sucé en naissant? point du tout. Voyez-les dans la vie privée : pères tendres, bons époux, d'un commerce facile, prêts à obliger, dévoués à la patrie; mais d'un patriotisme exclusif, jaloux, ombrageux, et toujours disposés à transformer en crime la moindre dissidence d'opinions.

La circonstance était favorable pour tirer enfin le pacte social de la boîte obscure où on l'avait relégué. C'était le moyen le plus prompt, le plus sûr de rallier les partis, et d'étouffer les cris de vengeance qui commençaient à retentir. Mais beaucoup trouvaient qu'il était assis sur une base trop large de démocratie, et ils avaient conçu le secret dessein de lui en substituer un nouveau. Était-il inexécutable? je ne le puis penser. Une constitution n'est qu'une déclaration de principes dont les lois règlent l'application. A la vérité on y lisait que, dans un état bien gouverné, aucun citoyen ne doit se voir réduit à mourir de faim. S'il n'a pas de travail, l'État doit lui en fournir ; s'il a un procès à soutenir, il lui doit la justice; s'il n'a pas le moyen de payer des maîtres, il doit l'instruction à ses enfants ; enfin, si sa santé ou l'âge ne lui permet plus de travailler, il lui doit la subsistance. Qu'y a-t-il là d'exorbitant? Le peuple avait beaucoup fait , il avait des droits pour beaucoup obtenir. Sur lui surtout pesaient les travaux pénibles de la plus formidable et de la plus longue des guerres ; c'est avec raison qu'on le représentait sous les traits d'Hercule soutenant le poids du Ciel.

Changer la constitution, avant d'en avoir fait l'essai, n'était pas chose facile. Les citoyens l'avaient jurée, l'engagement était sacré, solennel; qui pouvait les résoudre à le violer?

Cependant le projet de ne pas mettre en activité ce pacte auquel les chefs de la Gironde n'avaient point coopéré, était irrévocablement arrêté ; et comme aucune force humaine n'aurait pu en altérer brusquement les dispositions, la perte de tous ceux qu'on présumait en être les plus fermes défenseurs fut résolue. On vit même des membres se détacher de la Montagne pour seconder ce plan réactionnaire. Dans leurs écrits, répandus à profusion, ces lâches transfuges appelaient chaque matin la proscription et la mort sur ceux qui, dans ces derniers temps, avaient déployé de l'énergie, montré de la bonne foi, et exercé de l'influence. Bientôt le souffle de la réaction se répand et règne sur toute la France. Dans la capitale, comme dans les départements, les prisons s'ouvrent pour recevoir les patriotes. Dans le midi, des bandes d'assassins, sous le nom de *compagnies de Jésus et du Soleil*, sont organisées, soldées, et à peine quelques mois étaient écoulés, qu'elles avaient égorgé plus de vingt-mille individus sans défense, je dis *sans défense*, car les patriotes avaient

horreur de la guerre civile. Et ces mêmes hommes qui,
dans la Convention, invoquaient la modération, la justice, l'humanité, devenus missionnaires furieux, prê-
chent partout le meurtre et la vengeance. O funeste
délire des passions !

Tu es inquiet de savoir quel fut mon sort dans ces
temps calamiteux. Je voyais se former l'orage, rien ne
m'était plus facile que de l'éviter ; mais fuir à l'approche du péril me semblait alors une lâcheté. Un député escorté de quelques troupes, arrive en mission
et convoque sur le champ la société populaire. Cet
appel inattendu attire beaucoup de monde. Il parle
de l'oppression sous laquelle gémissent les honnêtes
gens. Il était venu pour y mettre un terme. A sa voix
la confiance allait renaître, le commerce prendre de
l'essor, la gêne des subsistances disparaître. Il invite
ceux qui ont des plaintes à porter à le faire sans crainte, promettant pleine et prompte justice. Il s'imagi-
nait qu'aussitôt des cris accusateurs allaient s'élever.
Un profond silence accueille son discours. Je me
chargeai d'y répondre.

Je posai ce principe : « Pour juger des actes d'une administration et de la conduite de ceux qui la dirigent,
il faut connaître avant tout la situation du pays ; car
telle mesure peut être sans danger et même utile pour
une localité qu'elle ne le serait pas pour une autre.
Voyons notre position. Depuis la défaite de l'armée
vendéenne, les bandes de Chouans qui désolent nos
campagnes se sont grossies de ses débris. Nous avions
conçu l'espoir d'en être délivrés ; aujourd'hui elles sont

plus nombreuses, plus menaçantes que jamais. Quel était notre devoir? de protéger les communes qui ont constamment défendu leur territoire et repoussé toute incursion dévastatrice; de contenir et d'éclairer celles qui montrent des dispositions moins favorables, d'envoyer des détachements au secours des premières en cas d'attaque, et des émissaires zélés dans les autres, pour convaincre les habitants qu'en s'alliant à la cause des nobles et des prêtres, ennemis de toute égalité, ils agiraient contre leurs propres intérêts; et pour cela il fallait tenir constamment la garde nationale sous les armes, soit pour fournir des escortes à nos missionnaires politiques, soit pour se porter rapidement au lieu du danger.

» Nous avons eu aussi à conjurer un fléau non moins funeste. Les inquiétudes sur les subsistances sont générales, et cependant les marchés ne peuvent un instant cesser d'être approvisionnés. Jusqu'à présent de simples réquisitions, adressées aux cantons où il y a surabondance, ont toujours eu leur effet. Mais les autorités, quoique agissant dans des parties éloignées du centre, savent qu'elles ne désobéiraient pas impunément.

» Voilà les difficultés au milieu desquelles nous vivons, et que nous avons su vaincre par notre vigilance et la vigueur de nos mesures. Représentant, substitue à l'énergie la mollesse et la condescendance, sous peu, je le prédis, tu amènes dans le chef-lieu ces deux fléaux, et les Chouans et la famine.

» Tu parles de rendre au commerce son essor; commence donc par assurer les communications. Les courriers des malles-postes sont attaqués, assassinés, les diligences pillées, et il semble que tu nous croies en pleine paix ; ou tu te fais illusion, ou tu cherches à nous éblouir par des promesses qu'il n'est pas en ton pouvoir de réaliser.

» Le salut du pays et l'exécution des lois, telle a été notre boussole. Beaucoup de dévoûment, de bonne foi et de désintéressement, tant de notre part que de celle de tous les citoyens qui nous ont toujours secondés, voilà le tableau que j'ai dû t'offrir. Si quelqu'un ose me démentir, qu'il se lève. »

On applaudit. L'espoir du représentant fut déçu, et sa provocation sans résultat. Mais il avait des instructions. Renonçant à égarer l'opinion, il se vit réduit à frapper ses coups dans l'ombre. Quatorze d'entre nous furent arrêtés dans la nuit. Quelques-uns avaient jugé prudent de se mettre à l'abri.

Je te l'ai dit ; le plan des meneurs de la réaction était de se débarrasser à tout prix des patriotes marquants. Quelle transaction leur eût paru possible avec des caractères aussi prononcés ? Ils avaient accepté cet axiome : *il n'y a que les morts qui ne reviennent pas.* Pour n'en être pas les auteurs, ils ne le trouvaient pas moins alors à leur convenance ; mais les circonstances ne lui servaient plus de prétexte ; il n'était que le signal d'une cruauté froidement calculée. Ne pouvant soulever contre nous la population, et la porter à des assassinats, se confiant peu aussi aux résultats d'une procédure régulière, voici la marche qu'ils suivirent :

Pendant leur séjour dans notre ville, les Vendéens

avaient converti en ambulance la prison, ancien château assez vaste. Les appartements où avaient séjourné leurs malades et leurs blessés étaient infectés de miasmes pestilentiels. Le gardien et plusieurs autres personnes, en y rentrant, y avaient trouvé la mort. Ce furent deux de ces chambres qu'on nous destina. On ne les jugeait pas habitables ; grâce à nos précautions sanitaires, aucun de nous ne fut atteint de la contagion.

Cinq mois s'écoulèrent. Ce n'était pas un petit fardeau pour les fonctionnaires qui nous avaient succédé que des prisonniers tels que nous. Nous recevions de nombreuses visites, même de la part de ceux qui n'avaient jamais partagé nos opinions, mais qui savaient nous rendre justice. Le beau sexe naturellement admirateur du courage, et disposé à lui porter des consolations dans l'adversité, ne se démentait pas en cette occasion ; il savait éluder des consignes maladroites qu'on n'avait pas le pouvoir de faire observer. Rien ne nous eût été plus facile que d'ouvrir les portes de la prison. Les gendarmes, les chefs de la garde nationale étaient de notre création ; quelque fermentation même se manifestait. Nous rédigeâmes une proclamation pour inviter les citoyens à attendre avec calme l'issue de notre procès. Elle fut affichée dans les divers quartiers de la ville. Quoique prisonniers, nous avions plus d'influence morale au dehors que ceux qui nous tenaient sous les verroux ; mais nous rejetâmes tout projet d'évasion ; nous voulions être jugés.

La position des hommes nouvellement revêtus de l'autorité, devenait chaque jour plus embarrassante. Ils prirent le parti d'envoyer deux députés vers la Convention. Voici le décret qu'ils obtinrent :

« Les détenus de la Mayenne seront transférés à
» Alençon, jugés sans désemparer et sans recours en
» cassation. »

Fais attention, mon ami, que les deux individus chargés de solliciter cet affreux décret, étaient du nombre des fédéralistes, qui, par leur position, s'étaient le plus compromis. Je m'étais opposé à ce qu'ils fussent dénoncés ; ils me devaient la vie. L'esprit de parti avait étouffé en eux tout sentiment de reconnaissance et d'humanité.

Pour opérer notre translation, on fait venir à Laval un régiment étranger ; aucun des soldats ne parlait français, c'était un mélange de Suisses et d'Allemands. On veut nous enchaîner. « Ces mains sont libres, dis-je aux commissaires ; jamais elles n'ont porté et ne porteront de fers. Vous m'ôterez plutôt la vie. » Après une conférence de quelques instants, on nous fait monter dans deux fourgons d'ambulance. Nous partons.

Nous devions arriver dans l'espace de trois jours. Nous couchâmes à Mayenne. Cette ville renfermait alors de nombreux fanatiques. On forma le dessein de les ameuter contre nous. A neuf heures du matin, montés dans nos voitures, nous demeurons sur la place ; plus d'escorte ; deux gendarmes seulement stationnaient à quelque distance. Des groupes se formaient ; quelques femmes du peuple poussent des cris, ramassent des pierres. Nous restons calmes. La présence seule des deux gendarmes suffit pour leur imposer. Enfin, après deux heures d'attente, nous nous mettons en marche.

Arrivés à Alençon, nous fûmes logés dans la tour du château. On nous renferme dans un même cachot qui n'avait pas plus de douze pieds de long sur huit de large. Un peu de paille pour lit. L'air nous venait d'une fenêtre qu'on peut comparer à une embrâsure de canon ; nous demeurions couchés faute de pouvoir faire quelques pas. Voilà comme les hommes qui avaient jusqu'ici fait parade de modération, de justice, entendaient les lois de l'humanité.

J'adresse une lettre aux officiers municipaux. Je les somme d'envoyer un médecin pour constater combien d'heures peuvent vivre, sans être asphixiés, quatorze individus renfermés dans un si étroit espace ; je déclare que je les rends responsables des suites de cette barbarie, et que notre mort retombera sur leur tête. Le jour même, on nous fait monter au sommet de la tour. Nous avons deux chambres et la faculté de respirer l'air sur la plate-forme.

Tandis que ces horribles persécutions s'exerçaient dans l'intérieur, et que les assassinats continuaient à ensanglanter le midi, nos armées obtenaient des avantages signalés. La Hollande était conquise. Le drapeau de la liberté flottait sur les forts de Milan, sur le Vatican, sur les tours de Naples. On a dit avec raison, qu'à cette époque, l'honneur français s'était réfugié dans les camps.

Que fesaient les députés de la Montagne, en voyant proscrire ceux qui n'avaient fait qu'exécuter leurs lois, et suivre de loin leur impulsion ? Ils craignaient pour eux-mêmes, et paraissaient indifférents. Peut-être se flattaient-ils que les flots de la réaction viendraient expirer à leurs pieds. Nous n'étions pour eux que de faibles instruments qu'on peut briser quand on n'en a plus besoin.

Mais le torrent poursuivait son cours ; les dénonciations pleuvaient, et la soif du sang semblait ne pouvoir s'éteindre.

Le 12 germinal, ceux-là même qui avaient regardé comme un grand attentat l'atteinte portée à l'inviolabilité des membres de l'Assemblée, rendent un décret qui déclare cent de leurs collègues indignes de siéger à leurs côtés. Le motif de cette mesure, prétendue *épuratoire*, était qu'une nouvelle constitution allait être présentée, et qu'il fallait éloigner ceux qui se seraient le plus vivement opposés à son adoption. Par le même décret ils rappelaient les membres de la Gironde, expulsés le 31 mai. Ils comptaient sur eux et se composaient ainsi une majorité.

Cependant le peuple de Paris, mourant de faim, et se voyant privé du pacte fondamental qui assurait ses droits, prend la résolution de venir une seconde fois au secours de ceux qu'il regardait comme ses amis et ses vrais soutiens. Il prend les armes et se dirige vers la Convention. Son cri de ralliement est *la Constitution et du pain*. Dans le tumulte, une fatale erreur causa la mort d'un membre de l'Assemblée, et fit

échouer l'insurrection. Par un malheureux rapproche-
ment de nom, ce député fut pris pour celui qui, dé-
serteur des rangs de la Montagne, publiait chaque
jour d'horribles pamphlets contre les meilleurs amis
de la patrie. Le coup frappa l'innocent au lieu du cou-
pable. La stupeur que causa cet accident empêcha les
députés qui venaient d'être élus membres des comités,
de prendre la direction du mouvement. Le peuple se
retira de lassitude et de faim. Ils manquèrent à la fois
de confiance, de présence d'esprit et de courage, ces
représentants que le peuple appelait à sa tête ; ils en furent cruellement punis ; n'auraient-ils pas dû le prévoir?
Réduits à se poignarder dans leur prison, ils furent
traînés demi-morts à l'échafaud.

La nouvelle constitution parut. Elle se produisait
sous de fâcheux aupices, et renfermait en elle-même
son germe de mort. Un de ses articles portait que sur
la demande du Conseil des Anciens, l'Assemblée pour-
rait transférer hors de Paris le lieu de ses séances.
C'était son côté vulnérable, et ce fut par-là qu'elle
périt sous les coups d'un soldat ambitieux.

Aux cris des réacteurs, les royalistes affaiblis,
mais non détruits, se relevaient rapidement. Chaque
jour voyait s'accroître et leurs forces et leurs espérances.
Il leur suffisait de se présentercomme victimes de l'an-
cienne terreur (car la nouvelle ne frappait que les
amis de la démocratie), pour exciter l'intérêt des gouvernants et obtenir les emplois. Ils n'avaient opposé
aucun obstacle à l'acceptation du nouveau pacte, parce
qu'ils comptaient sur les élections. Mais les auteurs de

cette constitution de l'an III de la République, commençaient à éprouver le malaise de leur position. Qu'a-
vaient-ils recueilli de tant de bienveillance affectée pour
les partisans du pouvoir absolu? le mépris joint à la
haine. Après les avoir long-temps persécutés comme
ennemis de l'état, les flatter aujourd'hui, n'y avait-il
pas là quelque chose qui tenait de la bassesse? Pour
nous, les royalistes ne nous aimaient point sans doute;
ils ne nous méprisaient pas.

Le seul expédient que trouvèrent nos hommes d'état
pour se soustraire à un danger qui n'était plus pour eux
un problême; ce fut de s'accrocher au pouvoir. Par-là ils
se flattaient de maîtriser encore les événements. Ils
décrétèrent que le renouvellement intégral prescrit
par la nouvelle constitution, ne porterait cette fois que
sur un tiers des membres de l'Assemblée. Les royalistes,
impatients d'entrer en majorité dans les deux conseils,
ne purent contenir leur irritation; ils s'opposèrent
vivement à l'acceptation de ce décret. Leurs projets
sont mûrs, les laisseront-ils ajourner? Ils appellent
les sections à la résistance; ils y trouvent de nombreux
échos. La guerre civile est résolue. C'était une conséquence inévitable de la réaction.

Qnels vont être les défenseurs de cette Convention
qui s'aperçoit trop tard qu'elle n'a comblé de ses faveurs que des ingrats. Dans sa détresse, elle invoque
ces hommes généreux qu'elle a proscrits, et qu'elle tient
encore sous les verroux. Les prisons s'ouvrent, les patriotes s'arment, non pour sauver une assemblée dont
la fausse politique a compromis le salut de l'état;

mais pour la défense des principes sacrés de la liberté, qui ont coûté tant de sacrifices. Le combat s'engage ; la liberté triomphe.

Après onze mois de captivité, pendant lesquels, malgré le décret obtenu par nos persécuteurs, les juges ne s'étaient pas même enquis de nos noms, nous sommes rendus à nos familles. J'arrive à Laval. Il n'y avait plus de sûreté pour moi à habiter un pays livré désormais à l'influence des prétendus amis de l'autel et du trône. Je distribue aux indigents les provisions qui restent chez moi, et je viens fixer mon domicile à Paris.

J'achète des presses, des caractères, et je fonde un journal intitulé *le Défenseur de la Vérité et des Principes.*

Le corps législatif était composé de deux conseils : *Conseil des Anciens, Conseil des Cinq-Cents* ; et le gouvernement, de cinq membres, sous le titre de *Directoire exécutif.*

Ce gouvernement se trouvait placé entre deux partis également irrités, l'un d'une défaite récente (13 vendemiaire), l'autre de la persécution qu'il venait d'essuyer, et de la perte de la constitution qu'il avait jurée. Se présenter à ces deux partis comme modérateur, les tenir en balance sans qu'ils pussent s'attaquer, ou plutôt chercher à les rapprocher et à les fondre dans le commun amour de la patrie, c'eût été une noble tâche ; mais le Directoire ne l'entreprit pas. Ce qu'il craignait le plus c'est qu'ils ne vinssent à s'entendre, et ne s'accordassent pour le renverser.

Perpétuer entre eux les animosités, la guerre, sauf à faire pencher la victoire de l'un ou de l'autre côté, selon l'intérêt du pouvoir, telle fut sa politique.

Je combattis vigoureusement dans ma feuille ce système de bascule politique. J'aurais voulu que le Directoire se prononçât franchement. C'était aux patriotes qu'il devait l'existence, n'avaient-ils pas acquis des droits à sa protection spéciale? Qu'on leur rende la confiance, la considération, et ils sont prêts à déposer sur l'autel de la patrie le souvenir de leurs souffrances et leurs ressentiments personnels. Que demandent-ils? que pour prix de tant de sacrifices on daigne s'occuper de leur bien-être, qu'eux et leurs familles ne soient pas exposés à périr de besoin. Le gouvernement ne dispose-t-il pas de toutes les places, et d'immenses fournitures propres à tenir en activité un grand nombre de branches d'industrie? S'il existe parmi eux quelques esprits ombrageux, difficiles à apaiser ou à satisfaire, avec lesquels il soit difficile d'asseoir la tranquillité et la confiance publiques; eh! bien, n'a-t-on pas besoin de fonctionnaires dans nos colonies, de consuls dans les ports étrangers? Qu'on les éloigne, mais que ce soit d'une manière honorable. Quand les patriotes seront convaincus que le pouvoir s'occupe d'eux, au lieu de chercher à l'attaquer, ils seront toujours prêts à le soutenir dans les moments périlleux.

Tel était le ton de modération qui régnait dans mes premiers écrits. J'ajoutais que les hommes de la révolution étaient le vrai fondement du nouveau système social, qu'ils formaient seuls la base de la colonne.

Les membres du Directoire et des deux Conseils croient-ils donc appartenir à une classe privilégiée ? Non, il y a entre eux solidarité. Leur salut, leurs dangers, tout est commun. Flétrir les uns dans l'opinion, c'est paralyser l'action des autres, c'est pervertir l'esprit public et préparer de mauvaises élections. Si le gouvernement persiste à suivre le sentier dans lequel il est entré, il faut s'attendre à voir sous peu proclamer Louis XVIII dans le Conseil des Cinq-Cents.

Tout cela était évident. Je m'applaudissais d'avoir fait entendre ces paroles, et dans ma simple bonne foi je m'imaginais qu'il ne s'agissait que d'avoir raison pour établir la conviction dans tous les esprits.

O mon ami, il est une bien triste vérité ; je désire que ce ne soit pas par ta propre expérience que tu viennes jamais à t'en convaincre. On hait les hommes pour le tort même qu'on leur a causé. Une première injustice en appelle de nouvelles, et je présume que les directeurs se disaient : nous leur avons trop fait de mal pour n'être pas dans la nécessité de continuer à leur en faire. Ma voix se perdit dans le désert.

Cependant, dès la seconde élection les conventionnels avaient beaucoup perdu. Une conspiration s'ourdit contre trois membres du Directoire et une partie de ceux des deux Conseils. Ils allaient être proscrits, et ne sauvèrent leur tête que par un coup d'état. Les députés et les deux directeurs auteurs du complot furent condamnés par leurs collègues à être déportés dans une de nos colonies.

On apprit aussi qu'un de nos généraux, célèbre par

la conquête de la Hollande, et qui, comme membre
du Conseil des Cinq Cents, se trouva compris dans le
décret de déportation, entretenait des intelligences
avec les princes émigrés ; qu'il s'agissait de leur ouvrir
l'entrée de la France en leur livrant plusieurs de nos
places.

Le Directoire renouvelé de deux membres, encore
étourdi du danger auquel il venait d'échapper, tendit
enfin la main aux républicains. Il voulut bien leur
donner une petite part dans le triomphe qu'ils lui
avaient fait obtenir. Je fus appelé en qualité de sous-
chef au ministère de la police générale ; mais je ne
devais pas jouir long-temps de cette faveur inattendue.
La Prusse s'était retirée de la coalition ; elle avait signé
la paix. Remarque bien que, lors de chaque négocia-
tion, les ministres étrangers ne négligeaient jamais de
faire pressentir que leurs monarques seraient offensés
de voir reprendre de l'influence à ces mêmes hommes
qui, en 1792, les avaient chassés du territoire français, et qui maintenant menaçaient d'ébranler leurs
trônes. Une prompte épuration fit droit à ces repré-
sentations. Les patriotes furent priés de se retirer. Le
flux m'avait approché du port ; en moins de six mois,
le reflux me rejeta en pleine mer.

La nécessité où s'étaient trouvés les gouvernants
de faire un 18 fructidor, leur avait démontré qu'ils
ne pouvaient plus compter sur l'opinion, que chaque
renouvellement leur serait contraire ; il fallait donc
chercher un moyen de conserver la majorité dans les
deux Conseils malgré le vœu des citoyens. Voici celui

qu'ils imaginèrent : lorsque la nomination du bureau annonçait l'esprit d'opposition qui dirigeait l'assemblée, quelques électeurs élevaient des réclamations ; ils se plaignaient d'intrigues, de conciliabules secrets ; ils déclaraient alors se séparer de l'assemblée et faire scission. Retirés dans un autre local, ils procédaient aux choix de leurs députés. Les Conseils prononçaient sur la validité de l'élection de l'un ou de l'autre assemblée, et choisissaient les élus tantôt dans la majorité, tantôt dans la minorité, selon qu'il leur convenait. Ainsi il n'y avait plus de représentation nationale.

Quand un gouvernement est réduit à cette extrémité, il est bien près de sa chute.

Cependant la polémique s'occupait d'apprécier la mesure de déportation adoptée contre le parti vaincu ; les journaux vendus à l'autorité l'approuvaient. En ma qualité de *Défenseur des principes* je la blâmai ; je la traitai d'illégale ; j'osai dire qu'elle consacrait un arbitraire odieux qui menaçait toutes les libertés. Sans mettre en doute le fait de conspiration, je soutenais que ce fait aurait dû être constaté juridiquement, et qu'en aucun cas les coupables n'avaient pu être privés du droit de réclamer des juges, car le décret qui les condamnait n'était pas un jugement.

On me répondit par la saisie du journal et l'apposition des scellés sur mes presses. Pour continuer d'écrire, je fus obligé d'adopter un nouveau titre, et le Défenseur des principes devint le *Démocrate*.

Ma correspondance d'Italie annonçait que le général français abusant de l'ascendant que lui donnaient plusieurs victoires signalées , n'accordait sa protection qu'à l'aristocratie, qu'il éloignait de lui tous les patriotes italiens, et ne craignait même pas de les jeter dans les fers ; que ce jeune ambitieux , naturellement ennemi des républiques , ne consultait que sa propre gloire, et que tout semblait annoncer son dessein d'établir sa domination sur le pays.

Je signalai ces faits. J'en profitai pour reprocher au gouvernement de morceler l'Italie en parties trop faibles pour résister à une attaque sérieuse. Pourquoi toutes ces républiques, *Helvétique*, *Cisalpine*, *Transalpine*, *Ligurienne*, *Romaine*, *Parthénopéenne*? N'était-il pas d'une haute politique d'en former un état compact et puissant, qui, conservant son indépendance, pût servir de barrière à l'Autriche, notre plus constante ennemie? C'est pour l'affranchissement des peuples et non pour leur asservissement que le sang français coule depuis huit ans. En favorisant le despotisme du général de notre armée, le Directoire trahit à la fois la cause des peuples nos alliés naturels, et les intérêts de la France.

Rapprochant ensuite plusieurs circonstances , je l'accusais aussi d'avoir conçu le projet de livrer la Batavie à l'ambition de l'Angleterre.

Des articles de cette force étaient lus avec avidité. Les Directeurs, saisis d'effroi, firent encore saisir le journal et sceller mes presses.

Cette fois, ils ne s'étaient pas bornés à la suppression de la feuille, ils avaient trouvé dans mon article matière à accusation. Fidèles à leur système de bascule, ils m'accolèrent à un autre publiciste d'une opinion opposée, qui s'était permis quelques commentaires plaisants sur un discours de je ne sais quel prêtre fanatique. Nous étions accusés simultanément d'avoir tenté, par l'avilissement, de renverser le Directoire et la République. Nous fûmes conduits en prison; mais le jury ayant prononcé *il n'y a lieu,* nous obtînmes notre liberté après six semaines de détention.

Je fis paraître alors mon journal sous le titre de *l'Ennemi des Tyrans.*

Tu juges qu'il n'était pas facile de faire ployer mon caractère.

Le cabinet anglais, après notre traité avec la Prusse, avait trouvé un nouveau soutien des puissances implacables dans leur haine contre la révolution. La Russie s'était déterminée à faire passer des forces considérables en Italie. Son armée, malgré nos efforts, s'avança victorieuse jusque devant Gênes, dont elle attaqua les approches. Le corps qui occupait Naples eut une retraite pénible et périlleuse; attaqué sur les bords de la Trébia, le général français n'en put ramener que des débris. Une nouvelle armée russe était en marche; bientôt elle arrive sur le théâtre de la guerre, et pénètre en Helvétic. Son plan est d'entrer en France par le Jura, tandis que les Autrichiens vont forcer nos lignes sur le Haut-Rhin.

Notre position était difficile. Le Directoire convaincu qu'au premier cri de détresse tous les patriotes s'empresseront de se rallier à lui, leur fait un appel. Ils y répondent. Les haines, les divisions disparaissent;

j'entre pour la seconde fois au ministère de la police générale. Je connaissais parfaitement les départements de l'Ouest. Il était important d'y maintenir même une apparence de tranquillité. Les autres administrations reçoivent aussi nombre de mes amis.

Les Russes sont défaits à Zurich. Un corps russe de dix mille hommes d'élite, détaché de la première armée pour renforcer celle d'Helvétie, commandé par un général qui n'avait point encore été vaincu, est rejeté dans les montagnes et presque détruit. La Russie fait sa paix.

Voilà la France sauvée. Le gouvernement n'a plus besoin de notre appui. Une réforme, sous prétexte d'économie, me renvoie à mon journal.

Juge de mon indignation. Je lance un article fulminant contre le Directoire. J'attaque particulièrement un de ses membres soupçonné, non sans fondement, d'entretenir des intelligences avec Louis XVIII, et je lui prédis que le moment n'est pas loin où il jouera le rôle d'un tyran détrôné.

Cet article fit une grande sensation. On s'arrachait le journal qui fut encore supprimé. Je m'y attendais; mais on n'osa m'intenter un procès.

Désormais le nombre des feuilles politiques fut réglé. Il n'était plus permis d'en faire paraître sans autorisation.

Cependant le Directoire constamment harcelé par les deux partis entre lesquels il s'était placé, forma le projet de se débarrasser de celui qu'il croyait le plus entreprenant, et qui le menaçait de plus près. Il mit Paris entre deux camps, l'un établi à Vincennes, l'autre dans la plaine de Grenelle.

Pour moi, versé dans la jurisprudence que j'avais étudiée avant la révolution, je me jetai dans le barreau; je plaidai surtout en police correctionnelle et au criminel.

Cette nouvelle carrière que j'embrassais devait me mettre à l'abri des persécutions. C'était pour moi un port de salut. Je le pensais ainsi. Tu vas voir comme les événements se jouent de toutes les précautions humaines.

TROISIÈME ENTRETIEN.

Le jeune homme, avide de connaître la suite d'une histoire si instructive et si intéressante, était de bonne heure au rendez-vous. Le vieillard ne se fit pas attendre. Une empreinte de tristesse, répandue sur sa figure, lui donnait encore plus de gravité. Il continue ainsi :

Un jour je fus invité à déjeûner dans un restaurant au faubourg-Saint-Germain. Je m'y rendis. La société était nombreuse. Des conventionnels, des hommes en place, plusieurs de mes amis, tous patriotes marquants.

La conversation s'engagea sur la politique. Nous convînmes que les affaires étaient mal dirigées, qu'en fesant des patriotes une classe permanente de suspects, les gouvernants compromettaient le salut de la République, qu'ils rendaient impossible toute élection favorable au parti national, et que le peuple, las enfin d'être toujours tourmenté, et toujours dupe, finirait par chercher le repos dans la royauté.

« Eh ! bien, dit l'un de nous, parmi les directeurs il en est un qui ne juge pas autrement de la situation des choses. Pour opérer un grand changement, il ne demande que notre appui. Les troupes sont bien disposées. Il est prêt à se mettre à leur tête pour rétablir la constitution qui nous fut ravie ; mais comme il faut renverser la majorité du Directoire et celle des deux Conseils, il est nécessaire de simuler une insurrection. Que les patriotes se présentent au camp de Grenelle, sans armes, seulement pour fraterniser, ils entraîneront les soldats ; on se porte au Luxembourg, aux Tuileries, et la révolution s'accomplit. »

On croit aisément ce qu'on désire. Tous applaudirent. Je me permis quelques réflexions. « Ne nous dissimulons pas, dis-je, que le gouvernement n'ait détaché de nos rangs un assez grand nombre d'individus qui, pressés par le besoin, servent aujourd'hui la police. Qui sait si ce ne sont point eux qui appuient ce plan, et s'il ne cache pas un piége ? Pourquoi attendre la nuit, pour entrer dans le camp ? Croira-t-on que nous ne portons pas d'armes ? Si nous sommes pris pour agresseurs, nous courons risque d'être traités en assassins. Remarquez que ce directeur qui se propose pour conduire le mouvement, est celui-là même que j'ai signalé. Il doit nous inspirer une juste défiance. Réfléchissons avant de prendre un parti qui peut tout perdre, nous et la chose publique. »

On taxa mes craintes de pusillanimité. Ce n'était pas dans une circonstance aussi favorable qu'il fallait montrer de l'hésitation. Plusieurs se portèrent garants de la bonne foi du chef de l'entreprise, qui d'ailleurs avait fait ses preuves ; ils étaient dans son intime confidence. L'argent ne manquerait pas à ceux qui avaient besoin d'un salaire pour vivre. Nous nous quittâmes. J'avais le cœur agité de noirs pressentiments.

Dès le matin, la nouvelle de ce qui va se passer, circulant de maisons en maisons, se répand dans les divers quartiers ; on se visite, on s'interroge. Ceux que tant de persécutions éprouvées rendent circonspects, tentent de dissuader leurs amis. Les uns découvrent un piége dangereux où les autres voient le triomphe de la liberté si long-temps ajourné. Sur le soir, trois mille individus entrent dans Vaugirard. Les cafés, les cabarets se remplissent ; les royalistes demeurent étrangers à cette tentative.

Pour moi, accompagné d'un ami, je me rends au faubourg Saint-Antoine. On avait annoncé que les troupes du camp de Vincennes descendraient dans Paris ; je connaissais particulièrement le général qui les commandait ; je désirais m'assurer de ses dispositions et de la réalité du projet. La soirée se passe ; le faubourg est calme. Vers minuit nous nous disposons à nous retirer. Des patrouilles nombreuses commençaient à circuler, on nous interroge : nous venons de dîner à la campagne, nous rentrons dans nos foyers ; on nous laisse continuer notre chemin. J'étais en proie à mille inquiétudes.

Voici ce qui s'était passé. Les patriotes répandus dans Vaugirard attendaient l'arrivée du membre du Directoire et de son état major qui devaient les diriger. Vaine attente ! Il est dix heures. Des discussions s'élèvent ; les uns veulent rentrer chez eux, d'autres, et de ce nombre les hommes de la police qui se trouvaient là en grand nombre, s'écrient que ce serait une lâcheté. La troupe les attend, ils marcheront en tête. O mon ami ! la prudence, fille de la réflexion, ne fut jamais la vertu des patriotes. Ils se laissent entraîner. Deux régiments de cavalerie, postés à l'entrée du camp, étaient prévenus qu'une horde de brigands devait faire une irruption dans le dessein de les assassiner. Ils laissent pénétrer le rassemblement, l'enveloppent et en font une horrible boucherie. Trois cents pères de famille tombent sous les coups de sabre, deux cents sont faits prisonniers. Ceux-ci n'avaient racheté leur vie qu'en se dépouillant de tout ce qui pouvait tenter la cupidité de leurs bourreaux.

Nous marchions, mon compagnon et moi. Quand nous arrivâmes au faubourg Saint-Germain l'événement était accompli. Des piquets de cavalerie occupaient les rues; arrêtés à chaque pas nous gagnâmes avec une peine infinie la rue du Cherche-Midi où mon ami me donna à coucher.

Le lendemain, de bonne heure, je rentre chez moi. On me remet plusieurs lettres. Ce sont des détenus qui réclament mon ministère; une commission militaire est installée au Temple pour les juger.

Qu'avais-je à faire? je me trouvais moi-même compromis. J'avais assisté à la réunion où le fatal mouvement avait en quelque sorte été résolu. Je n'avais pas couché dans mon domicile; cependant je ne balance point; je me présente à la prison du Temple en qualité de défenseur; ma tâche était difficile. Une foule d'individus avaient été tués, d'autres arrêtés, tous étaient sans armes; il n'y avait donc eu de leur part aucune intention hostile. D'un autre côté, les militaires trompés ont cru ne tirer le sabre que pour leur propre défense. On devait donc attribuer ce triste événement à un mal-entendu ; mais il en résultait d'une manière évidente l'incompétence du conseil de guerre. C'est sur ce moyen préjudiciel que j'appuyais fortement, me réservant de mettre la vérité dans tout son jour, lorsque j'aurais obtenu le désistement de la commission et le renvoi des détenus devant leurs juges naturels.

Zèle inutile ! Les prisonniers devaient être condamnés, non d'après l'événement, mais sur les notes de la police, et la part qu'ils avaient prise à la révolution.

Témoin du premier jugement, je rédige à la hâte un mémoire où je démontre, conformément aux lois qui règlaient cette juridiction, l'incompétence du conseil. Je le fais suivre du pourvoi en cassation de la part des condamnés. Le tout est imprimé dans la nuit, et je le distribue aux membres du gouvernement, à la police, au tribunal de cassation, aux juges militaires et au public, pensant que de part ou d'autre viendrait l'ordre de suspendre l'exécution.

Tous gardent le silence. Les malheureux condamnés sont conduits au supplice et fusillés.

Cependant les membres de la commission me font paraître devant eux. Ils m'accusent de tenter, par la publication du mémoire, de soulever le peuple et de les faire assassiner. Ils me font conduire à la préfecture où je reste jusqu'au soir. On reconnaît que je n'ai fait qu'user de mes droits de défenseur et je suis rendu à la liberté. Je cours au Temple défendre de nouveaux prisonniers. A ma vue les juges ne peuvent dissimuler leur surprise. Cette fois je fus moins malheureux ; un de mes clients obtint son acquittement. J'ai su que c'était sa bourse plutôt que ma défense qui avait désarmé le tribunal.

Par ce second jugement vingt-cinq citoyens étaient condamnés. Parmi eux se trouvait un des convives de notre déjeûner du faubourg Saint - Germain. Il fut étonné de me voir figurer au nombre des défenseurs. Un tel excès de dévoûment ne lui parut pas naturel. Il me prend pour un des agents provocateurs, et croit venger sa mort en me dénonçant.

Le lendemain au point du jour, un inconnu se présente chez moi. Il m'entretient d'un procès qu'il a à soutenir, d'un jugement dont il veut se porter appelant. Je lui dis de me remettre les pièces, que je me chargerais de sa cause, si je la trouvais bonne.

A peine sorti, il rentre accompagné d'une trentaine de gens de son espèce. La cour de la maison en est remplie, on vient pour m'arrêter.

Mon appartement était au premier étage, ma cuisine à l'entre-sol, et à côté une petite pièce qu'occupait un défenseur avec sa femme. J'aperçois la porte de cette chambre ouverte, je m'y glisse, la femme seule était présente. Il fallait trouver là mon salut. Un lit, une table, quelques chaises formaient tout l'ameublement. Je place mon habit, mes souliers, mon chapeau dans un placard près de la cheminée. La dame complaisante m'aide à arranger le lit, je m'y couche le long du mur où j'avais laissé un espace, elle me recouvre d'un matelas, refait son lit, et place au devant plusieurs chaises. Dans cette position, j'attends mon sort.

Je distinguais le bruit des pas de ceux qui marchaient au-dessus de moi. Ils fouillaient mon appartement, bouleversaient les lits, sondaient les cheminées. Après de vaines recherches, ils font la visite des pièces voisines. Enfin, sur le soir, on entre dans ma chambre. Les chaises sont dérangées, et je sens, à plusieurs reprises, l'impression des mains qui foulent le lit dans tous les sens. J'entends prononcer ces mots : *il n'y a rien.* Le commissaire de police demande une lumière, achève son procès-verbal de perquisition, le fait signer par la jeune femme qui me sauvait la vie. Note, mon ami, que cette recherche durait depuis huit heures du matin.

Dès que la foule des agents de police se fut écoulée, je me levai pour respirer. Tous ces hommes, me dis-je, qui n'ont pas mangé depuis le matin, se rendent maintenant chez eux ; aucun ne sera tenté de rester devant la maison. Profitons de l'instant ; dans quelques heures, peut-être, il ne serait plus temps. Je me déguise en femme, et je donne le bras au mari qui était rentré. Nous sortons ; nous ne voyons personne. Nous gagnons la rue Saint-Honoré ; là, chez un marchand de vin, je quitte mon accoutrement. Je cours demander asile à deux de mes amis qui logeaient ensemble, rue Miroménil.

Tous les soirs l'un d'eux se rendait au Temple pour connaître la suite des jugements, et tous les jours c'était à peu-près le même nombre de victimes. Enfin le dernier arrêt est rendu. Je suis condamné à mort.

Je laisse écouler quelque temps. Je présente un mémoire en cassation. Le tribunal casse, pour cause d'incompétence, le jugement qui me condamne. Ainsi tous
ces arrêts de mort sont flétris. Il est reconnu que ce
sont des assassinats juridiques ; et aucune autorité n'é-
tait intervenue pour en arrêter l'exécution !

J'allai avec les deux amis qui m'avaient donné une
si noble hospitalité, à la plaine de Grenelle. Nous re-
connaissons facilement la fosse où sont entassées les
dépouilles de ces malheureux républicains. Nous y
voyons quelques tiges de cyprès flétries ; nous en plan-
tons de nouvelles avec leurs racines, et nous adres-
sons aux victimes un dernier et éternel adieu.

D'après ces tristes récits une chose paraît te sur-
prendre. Lorsqu'on parle des crimes qu'a occasionnés
la révolution, pourquoi remonte-t-on toujours à 1792
ou 1793, sans jamais se reporter à d'autres époques ?
La raison la voici : à la fin de 1792 et au commen-
cement de 1793 , le sang de la noblesse et de l'aristocratie ne fut pas épargné, c'est un grand malheur,
sans doute ; mais aussi c'est le seul qui ait frappé nos
historiens et nos peintres. Ils l'ont reproduit sous mille
et mille formes ; et leurs tableaux, leurs livres se sont
bien vendus. Les autres crises désastreuses où le sang
plébéien a coulé sous le glaive des assassins, sous celui des bourreaux, sous les balles meurtrières des pe-
lotons de vétérans, ont passé inaperçues. Personne ne
les a rappelées, elles n'ont laissé aucun souvenir. Les
gens du peuple n'ont ni écrivains ni peintres à leurs
gages ; ce ne sont pas eux qui achètent les recueils vo-

lumineux d'histoires, ou les tableaux des scènes de la révolution; aussi ne les y flatte-t-on pas. Ils y figurent sous les traits de brigands de mélodrames, avec des physionomies atroces, les jambes nues, et couverts de haillons. Les républicains, à la vérité, se disaient *sans-culottes*; ils entendaient par-là s'identifier avec le pauvre, en prendre la défense, en faire leur égal. C'était une figure cachant un sens moral; on l'a transformée en réalité. Les patriotes d'alors comptaient dans leurs rangs les publicistes, les légistes, des marchands, des chefs d'ateliers, des ouvriers, des agriculteurs, enfin les hommes de la moyenne propriété, dont les vêtements n'étaient pas moins propres qu'ils le sont aujourd'hui, et dont les physionomies n'avaient rien d'étrange. En écrivant, en peignant sous l'influence des passions, on n'a fait, et l'on n'a voulu faire, sans doute, que des caricatures. Mais elles ont suffi pour fixer ou plutôt pour égarer l'opinion.

Mes moyens d'existence s'épuisaient. Tu le sais, j'étais chargé d'une nombreuse famille. J'avais déjà vendu trois maisons et une jolie ferme; mais dans ces temps de dépréciation leur produit n'avait pas été considérable. Je songeai à tirer parti de l'éducation que j'avais reçue. Je me fis maître de langues, et donnai des leçons dans les pensions.

Cependant ce soldat dont j'ai signalé l'ambition, avait conduit une armée française en Egypte. La flotte qui la transporta fut détruite à Aboukir. Perte immense, irréparable! Lui-même, ayant échoué devant St-Jean-d'Acre, et n'espérant plus de se maintenir dans cette terre éloignée, quitte son armée et débarque à Fréjus. On lui eût fait son procès. Il le prévint en profitant des divisions qui régnaient dans le Directoire et les deux Conseils. Il les renverse militairement, et devient l'arbitre de la République, sous le titre de premier Consul.

Le parti qui s'était engagé à seconder ses vues ambitieuses avait exigé de lui deux garanties. L'une contre les hommes de la révolution qui auraient eu des injures à venger, et sur la générosité desquels on n'osait compter ; en outre, les meneurs réactionnaires visaient à la richesse, et ils auraient eu peut-être à rendre compte un jour de fortunes trop rapidement acquises. L'autre, contre le retour des Bourbons qui avaient aussi des ressentiments à satisfaire.

Tout fut convenu. La mort du duc d'Enghien scella un des articles du traité. L'explosion de la machine infernale dans la rue Saint-Nicaise, fournit le prétexte de l'exécution du second. Sans connaître quels étaient les auteurs de cette tentative homicide, on arrêta cent cinquante patriotes. Cinq ou six furent fusillés, et les autres condamnés à être déportés, non d'après jugement, mais par un arrêté du Sénat. Ce fut encore la police qui fournit la liste des nouveaux proscrits, et, comme je m'étais prononcé contre le dictateur, mon nom ne fut pas oublié.

Je demeurais alors dans une maison d'éducation, rue de la Pépinière. On se présente pour m'arrêter ; j'avais été prévenu à temps, et je me dérobe à la perquisition.

On connut bientôt les vrais auteurs du crime ; la

déportation n'en eut pas moins lieu; c'était une des clauses du pacte convenu. Les patriotes transportés sur les côtes d'Afrique y trouvèrent la mort. La providence se chargea de les venger. Un île africaine attend aussi leur proscripteur; déjà s'y creuse sa tombe et s'y élève son humble mausolée.

Échappé à ce danger, mais me tenant caché, les articles que je fournissais à un journal consacré aux beaux-arts, me procuraient quelques moyens pour exister.

Cependant la fortune se plaisait à combler de ses faveurs trompeuses l'auteur de ces persécutions. L'explosion de la rue St-Nicaise lui valut le titre de consul à vie; il n'attendait plus qu'une seconde conspiration pour monter sur le trône. Et, comme si le malheur des républicains dût toujours être le prix de chaque degré de son élévation, lors de son couronnnement, il fit rechercher ceux qui, portés sur la liste fatale, avaient échappé aux poursuites. Il craignait, sans doute, quelque tentative désespérée de leur part. J'étais alors sans défiance; je fus arrêté. Pour me priver d'être témoin de cérémonies pompeuses, auxquelles j'aurais été fort indifférent, on me retint six mois en prison.

Enfin, le sort, fatigué d'être tenté par cet homme extraordinaire, qui, chaque année, plaçait sa couronne sur un coup de dé, la lui fit perdre.

J'avais repris mon état de professeur, et depuis plusieurs années je l'exerçais au Lycée impérial. Alors ce fameux conquérant qui avait vu à ses pieds les rois et les peuples de l'Europe humiliés, ne régnait plus que sur une petite île, où il était confiné avec quelques soldats de sa garde.

Tout-à-coup on apprend son débarquement, on assure qu'il rallie à soi les troupes envoyées pour le combattre, et qu'il marche sur Paris.

L'audace de ce mouvement me remplit d'admiration. Je reconnais là l'homme du 13 vendémiaire. Un rayon d'espoir pour le triomphe de la liberté vint luire à mes yeux ; je me dis : « Le malheur l'aura « éclairé ; il va se mettre à la tête de ses anciens amis. » Car je n'avais aucune confiance dans la conduite équivoque de Louis XVIII. Entouré de prêtres ambitieux, obsédé par des parents dévots, dévoué aux hommes de l'émigration dont les exigeances n'avaient point de bornes, il aurait voulu l'observer, cette charte octroyée non à la nation, mais à la force des circonstances, que cela n'eût pas été en son pouvoir. Aussi je le vis partir avec sa famille avec plus de plaisir que de regret.

L'empereur est à Paris, le voilà installé dans son ancien palais comme s'il ne l'eût point quitté.

Ce changement fesait craindre quelques mouvements dans la Vendée ; le ministre me rappelle à mon bureau. J'oublie tout ressentiment et je travaille de la meilleure foi dans les intérêts du chef de l'État, que je croyais aussi ceux de la France. Mais on attend de lui une déclaration franche de principes, propre à rallier toutes les nuances de patriotisme, et une constitution assise sur les bases d'une sage démocratie.

Cet espoir fut déçu ; il ne parut qu'une *Addition aux Constitutions de l'Empire*, vain replâtrage qui mécontenta tous les partis. Dès - lors je regardai l'empereur comme perdu sans retour. C'était le cas de dire que dans sa déchéance et son exil il n'avait rien appris. Sa plus grande faute fut de ne pas se confier aux sentiments généreux des patriotes. D'injustes proscriptions avaient élevé entre eux et lui une barrière qu'il était facile de renverser.

Vaincu à Waterloo, il ouvre une seconde fois les portes de la France à l'invasion de l'étranger.

Nous étions en 1816. La douleur du peuple et des militaires qui abondaient à Paris, ne peut s'exprimer. Comment se faire à l'idée humiliante de voir le sol de la patrie souillé, ravagé par des hordes barbares ? Des complots se tramaient, des signes de reconnaissance s'échangeaient ; je ne l'ignorais pas. Une loi obligeait de révéler de semblables projets, sous peine d'être regardé comme complice. Mais dénoncer des amis qui nourrissaient le noble espoir de délivrer leur pays ; un tel acte à mes yeux était le comble de la lâcheté, et la récompense qui l'aurait suivi, comme le vil prix du sang que j'aurais fait verser. Je gardai le secret. On sut par quelque indiscrétion, peut-être de ma part, que je savais ce qui se passait. On m'arrête dans mon bureau, et je reste détenu jusqu'après la condamnation de trois malheureux dont tout le crime consistait dans la distribution de quelques cartes et d'une lettre grossièrement imprimée. On les conduisit à l'échafaud ; et, par un rafinement de barbarie, digne de cette époque *restauratrice*, ils furent mutilés avant de recevoir le coup fatal. En vertu de quelle loi, grands dieux !

Afin de passer auprès du roi pour l'avoir sauvé, lui et la monarchie, le ministre avait eu intérêt de donner de la réalité et même de l'importance à cette apparence de conspiration. Les agents provocateurs y avaient joué un rôle actif. Les cartes et les lettres furent lithographiées dans le ministère même ; les hommes de la police les distribuaient, et arrêtaient ceux qu'ils en trouvaient nantis.....

La restauration devait finir comme elle avait commencé, par l'effusion du sang des citoyens.

Juge avec quel zèle, dans nos trois jours de gloire, j'ai secondé le mouvement généreux de la population ! Comme il importe que chacun fournisse son tribut pour rendre complet, dans tous ses détails, le récit de ce glorieux événement si fécond en résultats pour le bonheur de la France, voici ce dont j'ai été témoin :

Le lundi 26, nous eûmes connaissance des ordonnances insérées au *Moniteur*. J'étais au Palais-Royal ; la stupeur devint générale. On se parlait bas, d'un air mystérieux, comme si l'on se crût entouré d'espions. Le soir, le mécontentement commença à se manifester. Dans les galeries on attaqua quelques enseignes qui portaient des fleurs de lys ou le nom du roi. On fit évacuer le jardin.

Le mardi matin, je distribuai plusieurs exemplaires du *National*. On montait sur les chaises pour les lire au milieu des groupes, A midi les grilles du jardin furent fermées. Des rassemblements se formèrent dans les environs. La gendarmerie était sur pied, elle les dispersait, mais ils se reformaient plus loin. Personne n'était armé. Revenant de dîner à la barrière de l'Étoile, je traverse le jardin des Tuileries sur les six heures. Arrivé au pavillon Marsan, la sentinelle me dit : « Si vous sortez, vous ne rentrerez pas. » En effet elle se disposait à fermer la grille. Au même instant une décharge se fait entendre. Je me hâte de sortir, et je vois une dizaine d'hommes portant une femme qui venait d'être tuée, et criant *vengeance.* Aucun n'avait d'armes. Rentrant chez moi, j'apprends que plusieurs postes ont été enlevés et qu'on s'est emparé de l'Arsenal. Des personnes disaient avoir vu, dans plusieurs quartiers, porter des cadavres. On agitait des mouchoirs teints de sang, et de tous côtés retentissaient les cris de *vengeance.* Un autre annonçait que sur le boulevard Poissonnière, un Suisse avait frappé au cœur un jeune homme, d'un coup de baïonnette ; mais qu'il en avait été promptement puni, et qu'un marchand faïencier, ayant eu l'imprudence de lui donner asile, avait couru les plus grands dangers. Un de mes amis, vieillard de quatre-vingts ans, qui rentrait tranquillement chez soi, avait eu la mâchoire fracassée par une balle. Il est mort quelques jours après.

Ils s'imaginaient, les auteurs de ces consignes atroces, en fesant tirer sur un peuple désarmé, jeter l'épouvante au sein de la population, et forcer les habitants à se tenir renfermés dans leurs maisons pour recevoir les fers qui leur étaient préparés. Ces hommes ne connaissaient pas le courage des Parisiens ; jamais ils n'eurent le cœur français. L'exécration poursuivra leurs noms jusques dans la postérité la plus reculée.

Le mercredi 28, je sors de bonne heure. Je vois partout casser les reverbères et abattre les insignes de la royauté ; les bourgeois s'y prêtaient avec zèle, et renversaient eux-mêmes leurs enseignes qui se brisaient sur le pavé. Des barricades s'élevaient. Je passe au domicile du principal rédacteur de *la Tribune*, il se disposait à partir pour aller rejoindre ses amis au poste du danger. Le long des boulevards les soldats de la ligne, qui étaient de service, voyaient tranquillement briser les reverbères et faire les préparatifs de défense ; il semblait qu'ils assistassent à un spectacle. Sur les arcs de triomphe de la Porte Saint-Denis, de la Porte Saint-Martin, on montait des pavés et toute sorte de projectiles ; des jeunes gens de 15 à 18 ans y étaient postés. Quand nous rencontrions quelques gardes nationaux en uniforme, nous les poursuivions par des acclamations. A leur buffleterie jaune, à leur giberne ternie, on voyait que depuis long-temps ils n'en avaient fait usage ; ce n'était pas la buffleterie de parade ou de revue, c'était celle du combat. Un individu parcourait les rues, montant sur les bornes et criant : « Mes amis, à deux heures on distribuera au Panthéon des armes et des munitions ; nous avons pris les poudres de la Salpétrière. » J'arrive au marché des Innocens. On s'occupait à démolir le corps de garde de la gendarmerie, et à faire un feu de joie de ses débris. Sur les onze heures, passant près du perron du Palais-Royal, j'entends les tambours qui annoncent la marche des troupes. Elles défilent entre deux haies de peuple, l'une du côté de la rue Neuve-des-Petits-Champs, l'autre de la rue Vivienne. Les soldats ne fesaient aucune démonstration et se dirigeaient par la Place des Victoires, vers la rue Montmartre, la rue Saint-Denis et là rue Saint-Martin. Les troupes se composaient d'un corps de gendarmerie, puis d'un régiment de la garde, ensuite de deux régiments de ligne, la marche était fermée par un second régiment de la garde et un autre corps de gendarmerie; le tout formant six à sept mille hommes. Un morne silence régnait; mais au moment que passèrent les régiments de ligne, on cria de toutes parts : vive la ligne ! vive la ligne! vive la Charte ! A peine les troupes avaient-elles atteint la rue Montmartre que nous entendîmes des feux de peloton. N'ayant point d'armes, je rentre chez moi. Dans la rue Traversière, une femme venait de recevoir une balle dans la cuisse. Un régiment suisse, avec quatre pièces de canon, stationnait à l'extrémité du Carrousel en face la rue Richelieu. Il tirait sur tout ce qui se présentait. Pour toi, tu t'étais porté à l'attaque de l'Hôtel-de-Ville, et je t'ai vu couvert du sang de cinq jeunes gens atteints, à tes côtés, d'un boulet; quatre avaient eu les cuisses emportées, et le cinquième l'avait reçu dans la poitrine. Sur les huit heures, un des régiments de ligne rentrait par la rue Traversière. Les officiers paraissaient abattus.

Le jeudi 29, le combat fut plus animé dans le quartier du Palais-Royal qu'il ne l'avait été les deux jours précédents. La troupe, chassée de la partie supérieure et de l'intérieur de la ville, s'était concentrée pour la défense du Louvre et des Tuileries. Deux casernes étaient encore occupées ; sur la rive gauche, celle de Babylone, et sur la rive droite, celle de la Pépinière.

Les Suisses, avec leurs canons, se tenaient comme la veille au haut du Carrousel, en face de la rue Rohan et de la rue Richelieu. Ils avaient détaché une compagnie qui s'était logée dans la maison du coin de la rue Rohan, et dont le feu plongeait sur la rue Saint-Honoré et le bas de la rue Richelieu. D'autres postes occupaient l'entrée de quelques rues adjacentes.

La fusillade s'engagea dès six heures du matin. Un garde national s'avançait seul, par la rue Traversière, s'embusquant dans les portes cochères, et fesant le coup de feu sur les Suisses. Je le suivais des yeux. Une douzaine d'individus arrivent sur ses derrières, et, trompés par son uniforme, ils le prennent pour un garde royal, ils le couchent en joue. Je m'écrie : « Ne tirez pas, ne tirez pas, c'est un des nôtres. » Ils lèvent leurs fusils et vont le rejoindre. Je crois lui avoir sauvé la vie.

Cependant le Louvre était vivement attaqué ; en face, par la place Saint-Germain-l'Auxerrois, et sur la rive gauche, par les quais, et l'Institut. A midi les Suisses en furent délogés.

Dans ce moment, un officier se présente rue Richelieu. Il annonce une suspension d'armes. On le prend pour un espion, on veut le tuer. Je demande avec instance qu'il soit conduit à la Bourse, où nous avions établi notre quartier-général. On l'emmène.

Cependant les Suisses placés à l'extrémité du Carrousel, voyant le Louvre évacué par les leurs, et craignant d'avoir leur retraite coupée, se replient sur les Tuileries. On leur enlève une pièce de canon. Bientôt les Tuileries sont prises, et la garde royale se retire vers les Champs-Elysées. Ni la gendarmerie, ni la ligne, ne prirent part à cette journée. Les gendarmes n'osaient plus se montrer, et les soldats de la ligne refusaient de marcher.

La caserne de Babylone était vivement attaquée par les populations du faubourg-Saint-Marceau, par le quartier Saint-Jacques, des élèves de l'École polytechnique, des étudiants en droit, en médecine, et des habitants de Vaugirard ; mais les croisées étaient garnies de matelas, et les Suisses avaient résolu de se défendre jusqu'à la dernière extrémité. Un élève s'avance en parlementaire ; il tombe percé de vingt balles ; on fut obligé d'avoir recours au feu et d'incendier une partie de la caserne. Celle de la Pépinière, qui renfermait un régiment de ligne, fut évacuée presque sans coup férir.

Le combat n'était pas fini. La compagnie de Suisses qui occupait le coin de la rue Rohan, tenait toujours, et nous tuait du monde. Plusieurs proposaient de brûler la maison. Je m'y opposai de tout mon pouvoir. On parvint à se loger dans le Théâtre-Français ; et de toutes les parties de l'édifice, on tirait sur les fenêtres opposées ; les murs furent criblés de balles. J'admirais le courage d'un enfant de quatorze à quinze ans, qui, muni d'un tambour, battait la charge sous un feu meurtrier, et entraînait à sa suite une vingtaine d'hommes armés, moins déterminés que lui. Enfin, sur les trois heures, la porte de la maison fut forcée; on s'empara des Suisses qui avaient épuisé leurs dernières cartouches. Ceux qui rendaient les armes étaient conduits à la Bourse. Un seul ayant refusé de remettre son sabre, fut tué rue Richelieu.

Toute la soirée fut employée à perfectionner les retranchements et à en élever de nouveaux. On sciait les arbres des boulevards; des charrettes, des diligences renversées barraient les rues. « Tous ces travaux, disais-je, sont désormais inutiles, rien ne pourra ramener au combat des troupes démoralisées. » Mais on parlait du camp de Saint-Omer, qui descendait sur Paris, et d'un nouveau corps de Suisses, venant d'Orléans.

Je me mets à parcourir la ville. On ramassait les morts, on en chargeait des voitures; ceux qui gisaient près de la rivière étaient transportés sur des bateaux. A la place du palais de Justice, un blessé était porté sur un brancart. Non loin de lui passe une troupe de jeunes gens avec le drapeau tricolore. Il leur fait signe d'approcher; il saisit le drapeau, y colle sa bouche; il ne le voulait plus quitter. On voyait se ranimer ses forces défaillantes, et ses gestes annonçaient le délire de l'enthousiasme. Des larmes roulaient dans mes yeux.

Sur les neuf heures, M. Benjamin-Constant passa rue Richelieu. « Tout est fini, lui dis-je, le peuple est vainqueur. Ils ne seront pas tentés de revenir. — Bravo, répondit-il en me serrant la main, gloire aux immortels Parisiens. »

Le lendemain, le bruit courait que la garde royale était campée au bois de Boulogne, qu'elle y attendait des renforts. Je voulus m'en assurer. Un poste des habitants de Chaillot, était sur la route. Un homme à cheval paraissait avoir une vive altercation avec la garde. Je m'approche. « Je suis le général Pajol, disait-il, je viens de St-Cloud, j'avais une mission pour m'y rendre. Voici mes ordres. » Un des gardes répondait : « Quel est l'individu qui vous accompagne ? n'est-il pas attaché à la maison du Roi ? » Je crus devoir intervenir. « Le général Pajol est connu, leur dis-je, il est porteur des ordres de Lafayette. Vous ne pouvez l'arrêter ni le retenir, sans compromettre le service public. » Ils le laissèrent aller ; mais son compagnon resta au corps-de-garde.

Arrivé à la barrière de l'Etoile, j'apprends que les braves de Neuilly ont refusé passage aux troupes royales ; le pont était barricadé, et la troupe, n'ayant pu le forcer, quoiqu'elle l'eût attaqué à coups de canon, avait traversé le bois de Boulogne ; mais elle n'y était pas demeurée.

Tu vois que j'ai payé ma dette ; peu en état de manier le mousquet, mais propre, par mes discours, à enflammer le courage.

Plus d'une fois, mon ami, j'ai craint pour la liberté presque engloutie sous les flots débordés de tant de passions. Mais c'est une plante vivace, quand elle perd de ses tiges, il en pousse de nouvelles en plus grand nombre. Enfin, après une si longue tourmente, nous voilà entrés au port.

Écoute maintenant quelques conseils qui sont une conséquence de ce récit.

N'oublie jamais qu'un gouvernement constitutionnel, dirigé par un bon roi, est le meilleur des gouvernements. Il a tous les avantages de la République sans en éprouver les orages. Défends-le de toute la vigueur de ta plume. Ne place jamais ton ambition au-dessus de l'intérêt du pays. Prends pour guide la vérité. Si tu blâmes ce que tu crois être un mal, sache approuver hautement le bien qu'on fait. Il n'est pas donné à un ministre, même animé des meilleures intentions, de pouvoir toujours l'opérer : garde-toi donc d'une opposition systématique. Les événements que jeviens de dérouler à tes yeux, doivent t'avoir convaincu que la tolérance en fait d'opinions politiques, n'est pas moins nécessaire qu'en matière religieuse ; on peut tendre au même but par des voies différentes. Si cette vérité fondamentale, sans laquelle il n'y a point de vraie liberté, n'eût pas été méconnue, que d'injustices on aurait épargnées !

Pour moi, rassuré sur l'avenir de la France, et sur l'affermissement des principes au triomphe desquels j'ai consacré ma vie, j'oublie tous les maux que j'ai soufferts. Qu'ai-je à désirer sur la terre ? Je penche vers mon déclin. Que la tombe me réclame ; je mourrai satisfait.

FIN.